· ANIMAUX ILLUSTRÉS ·

Morse

Projet dirigé par Audrey Chapdelaine

Traduction : Nicolas Jadot
Conception graphique : Nicolas Ménard
Mise en pages : Gabrielle Deblois
Révision linguistique : Sabrina Raymond
Illustrations : Ben Shannon

Québec Amérique
7240, rue Saint-Hubert
Montréal (Québec) Canada H2R 2N1
Téléphone : 514 499-3000, télécopieur : 514 499-3010

Nous reconnaissons l'aide financière du gouvernement du Canada.

Nous remercions le Conseil des arts du Canada de son soutien.
We acknowledge the support of the Canada Council for the Arts.

Nous tenons également à remercier la SODEC pour son appui financier. Gouvernement du Québec – Programme de crédit d'impôt pour l'édition de livres – Gestion SODEC.

Catalogage avant publication de Bibliothèque et Archives nationales du Québec et Bibliothèque et Archives Canada

Titre : Morse / Herve Paniaq ; illustrations, Ben Shannon ; traduction, Nicolas Jadot.
Autres titres : Walrus. Français
Noms : Paniaq, Herve, auteur. | Shannon, Ben, illustrateur.
Description : Mention de collection : Animaux illustrés | Traduction de : Walrus.
Identifiants : Canadiana 20190030348 | ISBN 9782764439340
Vedettes-matière : RVM : Morse—Ouvrages pour la jeunesse.
Classification : LCC QL737.P62 P3614 2020 | CDD j599.79/9—dc23

Dépôt légal, Bibliothèque et Archives nationales du Québec, 2020
Dépôt légal, Bibliothèque et Archives du Canada, 2020

Imprimé en Chine

Morse

• ANIMAUX ILLUSTRÉS •

Morse

Par Herve Paniaq • Illustrations de Ben Shannon

QuébecAmérique

Table des matières

Le morse

Le morse est un très gros mammifère. Les mammifères sont des animaux qui nourrissent leurs petits avec du lait. Le morse vit dans l'océan Arctique. Il est facilement reconnaissable aux longues défenses qui sortent de sa bouche. Les morses mâle et femelle ont tous deux des défenses, et celles-ci peuvent atteindre une longueur de plus d'un mètre. Le morse mâle est parfois appelé « taureau », et la femelle « vache ».

Le morse peut peser entre 500 et 1600 kilogrammes. Il est en grande partie de couleur brune, avec une peau épaisse et résistante. Le morse mâle est généralement de couleur plus claire et il est plus gros que la femelle.

Apprenons-en davantage sur le morse !

Répartition et habitat

On retrouve le morse dans de nombreuses régions du
monde près du cercle polaire arctique. Au Canada, le
morse vit au Nunavut. Au printemps et en été, on peut
apercevoir de nombreux morses dans les eaux entourant
la communauté d'Igloolik.

Le morse passe beaucoup de temps à se reposer sur des îlots de glace qui flottent sur l'océan. Il préfère s'installer sur un îlot de glace assez mince pour pouvoir la briser avec ses défenses.

Squelette

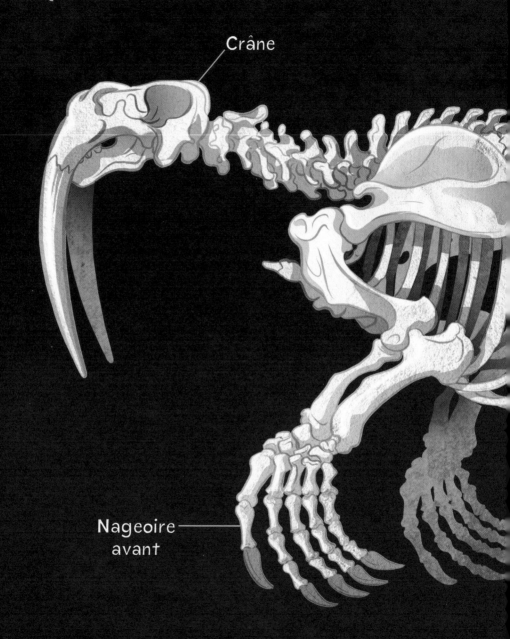

Crâne

Nageoire
avant

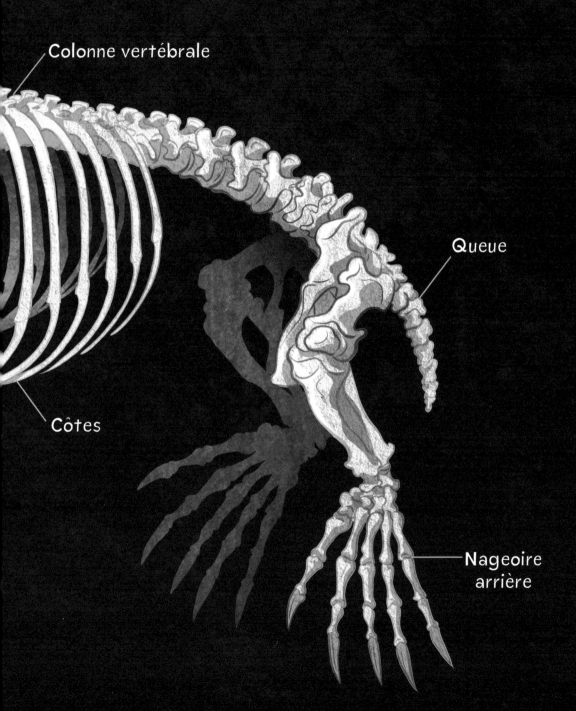

Colonne vertébrale

Côtes

Queue

Nageoire
arrière

Défenses

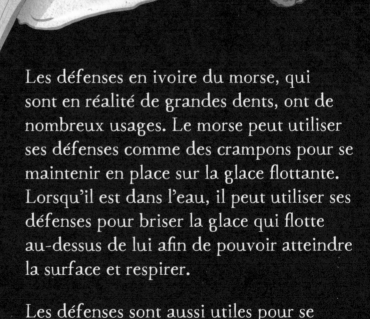

Les défenses en ivoire du morse, qui sont en réalité de grandes dents, ont de nombreux usages. Le morse peut utiliser ses défenses comme des crampons pour se maintenir en place sur la glace flottante. Lorsqu'il est dans l'eau, il peut utiliser ses défenses pour briser la glace qui flotte au-dessus de lui afin de pouvoir atteindre la surface et respirer.

Les défenses sont aussi utiles pour se protéger contre les animaux qui peuvent s'attaquer au morse, tels que l'ours blanc. On dit que les orques ont peur de chasser le morse adulte à cause de ses grandes défenses !

Moustaches et nageoires

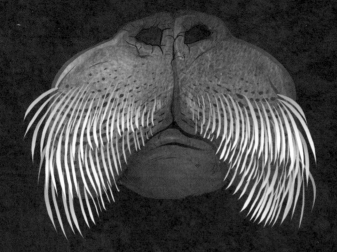

Le morse a de longues moustaches raides autour de sa bouche et de ses défenses. Ces moustaches l'aident à trouver sa nourriture sur le fond marin.

La peau du morse semble à première vue toute nue comme du cuir, mais elle est en réalité recouverte de minuscules poils ! Les nageoires sont les seules parties du corps du morse qui ne sont pas recouvertes de ces minuscules poils. Les nageoires lisses et sans poils du morse l'aident à se déplacer rapidement dans l'eau.

Alimentation

Le morse se nourrit principalement de petits animaux, comme des palourdes et des moules, qui vivent sur le fond marin. Puisque le morse voit mal dans l'eau boueuse et sombre, il utilise ses moustaches pour l'aider à trouver sa nourriture. Il creuse dans le fond marin en utilisant ses moustaches très sensibles pour trouver son repas.

On a observé certains morses se nourrir sur le fond marin jusqu'à 79 heures de suite, en arrêtant seulement pour respirer à la surface. Le morse peut manger des milliers de palourdes en un seul repas ! Le morse attrape parfois aussi des poissons et des phoques pour se nourrir. On dit que les morses qui vivent en eau très profonde aiment manger du phoque.

Morue polaire

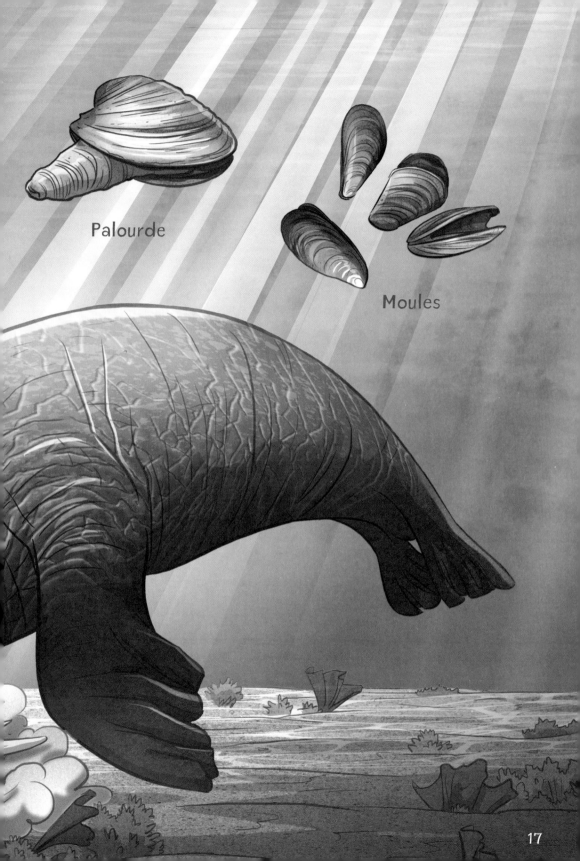

Palourde

Moules

Petits

Les bébés morses sont parfois appelés « veaux » et naissent généralement au printemps. Ils sont déjà très gros à la naissance. Ils peuvent peser jusqu'à 75 kilogrammes !

Bien que les veaux sachent nager dès leur naissance, ils se nourrissent exclusivement du lait de leur mère pendant plus d'un an.

Prédateurs

Puisque le morse est très gros et armé de défenses menaçantes, il a peu de prédateurs naturels. On appelle « prédateurs » les animaux qui essaient de l'attraper pour le manger.

L'orque et l'ours blanc sont les seuls prédateurs naturels du morse. L'orque et l'ours blanc préfèrent chasser les morses lorsqu'ils sont encore petits ou s'ils sont blessés ou malades. Un morse adulte et en bonne santé, avec sa peau épaisse et ses défenses pointues, est beaucoup plus difficile à chasser.

Lorsqu'un ours blanc s'en prend à un morse, leur lutte peut
durer plusieurs heures. Il arrive parfois que la lutte se termine
par une blessure de l'ours blanc, et non pas du morse.

Un animal social

Le morse est un animal très sociable. On le trouve généralement rassemblé en grands groupes appelés « colonies ». Les colonies de morses sont souvent divisées selon le sexe, ce qui signifie que les mâles et les femelles forment des colonies séparées.

Le mâle peut être très agressif envers les autres quand il veut s'unir avec une femelle pour faire des petits. Il peut aussi devenir agressif lorsqu'il lutte pour obtenir le premier rang dans la colonie. Le morse utilise ses défenses pour se battre, et ces combats sont parfois violents. En règle générale, le morse le plus gros et aux défenses les plus longues est le plus respecté dans la colonie.

Faits intéressants

Le morse se déplace lentement sur la terre ferme, mais c'est un nageur rapide. Le morse peut nager à un peu plus de 6 kilomètres à l'heure. On a observé certains morses nager à plus de 35 kilomètres à l'heure.

Lorsqu'il nage, le morse peut rester éveillé pendant de longues périodes, parfois jusqu'à trois jours. Toutefois, lorsqu'il est sur la terre ferme, le morse dort beaucoup. On a vu certains morses dormir jusqu'à 19 heures de suite !

Couche de graisse

Le morse est capable de ralentir les battements de son cœur pour rester au chaud lorsqu'il nage dans les eaux très froides de l'Arctique. Le morse a aussi une épaisse couche de graisse appelée « lard » qui l'aide à rester au chaud.

Le morse se sert parfois de gros morceaux de glace flottante pour parcourir de longues distances. Il grimpe sur la glace et y dort pendant qu'elle dérive en flottant sur l'océan. Au réveil, il se met à la recherche de nourriture dans un nouvel endroit.

Un animal dangereux

Les mâles agressifs et ceux qui vivent seuls, en dehors des colonies, peuvent être très dangereux pour l'être humain. On a observé un certain nombre d'attaques de morses sur des bateaux. On dit que les mâles qui flottent haut à la surface de l'eau, c'est-à-dire en montrant une grande partie de leur corps, sont ceux dont il faut se méfier.

Usages traditionnels

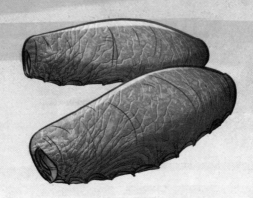

Les Inuits chassent le morse pour se nourrir. L'une des façons de préparer la viande de morse est de l'enterrer pour la laisser vieillir. En inuktitut, la viande vieillie sous terre est appelée « igunaq ». On prépare l'igunaq en enveloppant la viande dans une peau de morse et en l'enterrant dans le sol. On la déterre plusieurs mois plus tard pour la manger. Beaucoup de gens aiment le goût de cette viande vieillie, mais elle a une odeur très forte.

Les pointes de harpon traditionnelles des Inuits sont faites en ivoire dur de défense de morse. Autrefois, les Inuits sculptaient et aiguisaient l'ivoire pour fabriquer des instruments de chasse très solides.

Herve Paniaq est un ancien de la communauté d'Igloolik, au Nunavut.

Ben Shannon est canadien de naissance et un illustrateur primé, un animateur et le père de deux enfants. Un ancien du programme d'illustration du Sheridan College, Ben a travaillé pour de nombreuses publications et entreprises prestigieuses, notamment le *National Geographic*, le *Rolling Stone*, *The Globe and Mail*, *The Wall Street Journal*, Nike, Universal Music, Marvel et DC Comics. Lauréat du prix ADCC Interactive Design Illustration en 2008 et du Applied Arts Award dans la catégorie illustration en 1998, son travail a également été mis en nomination pour un prix Écran canadien en 2014. Ben travaille de jour à la Société Radio-Canada et contribue le soir à *Moonshot*, une collection de bandes dessinées des Premières Nations.